Петька-микроб

Г. ОСТЕР

художник
В. Дмитрюк

УДК 821.161.1-7-053.2
ББК 84(2Рос=Рус)6-7
О-76

Г.Б. Остер
Художник В. Дмитрюк

Дизайн обложки Е.А. Гордеевой

Остер, Г.Б.

О-76 Петька-микроб / Г.Б. Остер; худож. В.А. Дмитрюк. — Москва: АСТ, 2014. — 75[5] с. — ил. — (Библиотека начальной школы).

ISBN 978-5-17-085621-3

Микробы, оказывается, живут совсем как обыкновенные люди: они ездят на работу, учатся, дружат, даже помогают учёным изучать свой микромир. Среди них есть не только вредные, но и очень даже полезные. Например те, которые делают кисломолочные продукты. Прочитав эту книгу, вы узнаете много интересного о Петьке-микробе, его родственниках и друзьях.

УДК 821.161.1-7-053.2
ББК 84(2Рос=Рус)6-7

Общероссийский классификатор продукции ОК-005-93,
том 2; 953000 – книги, брошюры

Подписано в печать 29.09.2014 г. Формат 60×90/16
Печать офсетная. Бумага офсетная. Усл. печ. л. 5,00
Доп. тираж 5000 экз. Заказ № А-2697.

ISBN 978-5-17-085621-3

Как Петька спас родную каплю

В одной капле воды жил микроб. Звали микроба Петька. У Петьки были папа и мама. Тоже, конечно, микробы. А ещё у Петьки были дедушки и прадедушки, бабушки, дяди, тёти, братья родные, братья двоюродные, троюродные, сёстры... целая куча родственников. И все тоже микробы.

Жили они в капле воды и поэтому вечно ходили мокрые. Вообще микробы очень маленькие. Им любая букашка кажется больше слона.

А Петька и вовсе был маленький, потому что ещё не вырос.

И вот однажды мимо капли, в которой жили микробы, пробегал муравей. Он увидел каплю и сказал: «Что-то сегодня жарковато. Не выпить ли мне эту каплю? Она такая прохладная на вид».

Микробы услышали и ужасно испугались. Они забегали по капле, заплакали, закричали. В общем, устроили панику.

Один только Петька не струсил. Он высунул голову из капли и очень громко сказал муравью:

— Эй, муравей, разве твоя мама не говорила тебе, что сырую воду пить нельзя?!

Муравей, конечно, не увидел Петьку, но голос его услышал, удивился и спросил:

— Кто это со мной разговаривает?

— Это я — Петька-микроб, — сказал Петька. — Я очень не советую тебе, муравей, пить нашу каплю. Ты можешь заболеть, потому что в капле живём мы — микробы!

— Спасибо, что предупредил! — сказал муравей. — Ты настоящий друг.

И побежал своей дорогой.

А микробы всё хвалили маленького Петьку и радовались, что он спас родную каплю от гибели.

Как Петьку изучали

Однажды пришли учёные, взяли каплю с микробами и понесли в свою лабораторию. Учёные шли по дороге, несли каплю и разговаривали.

— Давайте рассуждать логически, — сказал самый главный учёный. — Мы ведь учёные, так?

— Так! — сказал самый младший научный сотрудник.

— Мы несём каплю, а в капле сидят микробы, так?

— Так.

— Вот мы и будем этих микробов изучать.

— Это очень удачная мысль, — сказал самый младший научный сотрудник.

И все остальные учёные тоже сказали:

— Мы с вами совершенно согласны.

Учёные принесли каплю в лабораторию и положили под микроскоп. А микроскоп — он как бинокль. Если смотреть с одной стороны — всё увеличивается, а если с другой — уменьшается. И вот когда с одной стороны микроскопа собрались учёные, а с другой — микробы, то микробы увеличились, а учёные уменьшились, и все стали одинаковые. Не на самом деле одинаковые, а только если смотреть через микроскоп.

Учёные смотрят через микроскоп на микробов и говорят: «Какие интересные микробы. Одни — большие, а другие — маленькие».

А микробы тоже смотрят через микроскоп на учёных и говорят: «Какие интересные учёные».

Петьке-микробу захотелось, конечно, рассмотреть учёных поближе, он стал всех расталкивать и вперёд пробираться. А учёные говорят:

— Смотрите, какой микроб: самый маленький, а толкается.

Тут пожилой микроб, Петькин прадедушка, подошёл к микроскопу и говорит учёным:

— Вы не смотрите, что мы микробы. Микробы тоже разные бывают. Бывают

вредные, а бывают, наоборот, полезные. Мы как раз полезные.

А самый главный учёный ему отвечает:

— Вы не волнуйтесь, мы знаем, что вы полезные. Мы вашу каплю нарочно взяли, чтоб нашему самому младшему научному сотруднику показать. Чтоб он тоже знал. Мы ему вас покажем, а потом обратно отнесём, где взяли.

— Тогда всё в порядке, — говорит Петькин прадедушка. — Мы не возражаем.

А Петька смотрел-смотрел на самого младшего научного сотрудника и вдруг показал ему язык. А младший научный сотрудник растерялся и тоже Петьке язык показал. Он забыл, что он научный, и вспомнил только, что он младший, поэтому так сделал.

Тут все микробы стали стыдить Петьку, а все учёные — самого младшего научного сотрудника.

— Фу, как некрасиво показывать язык, — сказали микробы.

А учёные сказали:

— Это очень нехорошо — язык показывать.

— Мы нашего Петьку накажем, — сказали микробы учёным, — мы ему сладкого компота после обеда не дадим.

— И мы нашего младшего научного сотрудника накажем, — сказали учёные, — мы его лишим премии.

— А мы, — сказали микробы, — нашего гулять не пустим.

— А мы, — сказали учёные, — нашему отпуск только зимой дадим, когда холодно и нельзя в речках купаться.

— А мы, — сказали микробы, — у нашего все игрушки отнимем.

— А мы, — сказали учёные, — нашему диссертацию, которую он написал, порвём.

Тут младший научный сотрудник заплакал, а Петька хоть и не заплакал, но тоже очень обиделся.

И всем их жалко стало...

И учёные стали заступаться за Петьку, а микробы — за младшего научного сотрудника.

— Вы уж простите своего, — сказали микробы учёным.

— Ладно. Мы своего простим, только и вы своего простите.

А потом учёные попрощались с микробами и отнесли каплю на место. И всё-таки в самую последнюю секунду Петька взял и ещё раз показал младшему научному сотруднику язык. И тот тоже Петьке язык показал. Хорошо ещё, что никто этого не заметил.

Как Петька кефир делал

Один из Петькиных старших братьев был уже такой старший, что даже ходил на работу.

Брат работал на молокозаводе — он вместе с другими микробами сидел в большом котле и делал из молока простоквашу. А зарплату ему молоком давали. За вредность. Не за его вредность — он совсем не вредный был, — а за то, что ему вредно было каждый день в молоке сидеть. Молоко — оно не прозрачное, и сидеть в нём скучно.

Петька давно уже говорил брату: «Возьми меня с собой, я тоже хочу из молока простоквашу делать».

А брат ему отвечал: «Ты ещё маленький, у тебя не получится».

А Петька думал: «Ещё как получится. Лучше, чем у тебя».

И вот однажды принёс брат свою зарплату — целый бидон молока — и в сторонке поставил. А Петька залез в зарплату и стал из неё простоквашу делать.

Только у него получилась не простокваша, а кефир. Петька сидит в зарплате и думает: «Кефир — это тоже ничего. Ещё вкусней, чем простокваша».

А в это время брат захотел своей зарплаты попить.

Попробовал и говорит:

— Это ещё что такое?! Не зарплата, а какой-то кефир!

Микробы услышали и спрашивают:

— Что случилось?

— Да вот, — говорит брат, — мне вместо зарплаты кефир дали.

— Это безобразие, — говорят микробы, — ты это дело так не оставляй!

Тут брат схватил бидон с кефиром и с Петькой и побежал к директору молокозавода — возмущаться. А у директора был как раз обеденный перерыв. Директор обедал: съел суп, съел котлету и думает: «Хорошо бы сейчас холодненького кефир-

чика попить». Только он так подумал — вбегает Петькин брат и говорит:

— Вот, полюбуйтесь: кефир!

— Очень хорошо, — говорит директор, — давайте его сюда.

Взял бидон и стал кефир пить.

А Петька сидит в бидоне и думает: «Что же это теперь будет?!»

Петькин брат смотрел, смотрел, как директор кефир пьёт, и говорит:

— Что же это делается?! Вы уже почти всю мою зарплату выпили!

— Какую зарплату? — удивился директор. — Вам зарплату молоком дают. За вредность. А тут кефир.

— В том-то и дело, — говорит Петькин брат, — мне вместо молока кефир дали. Я это дело так не оставлю!

Директор ещё немного кефира попил, а потом задумался и говорит:

— А кефир-то очень даже ничего, вкусный. Знаете что, давайте меняться. Я вам свою молочную зарплату отдам, вон она на тумбочке в баночке стоит, а вы мне свою кефирную...

— Ладно, — говорит Петькин брат, — меняться я согласен, только если этот кефир такой вкусный, так дайте и мне немножко попробовать.

Стали Петькин брат и директор кефир по очереди пробовать и весь выпили. А на дне бидона Петька сидит.

Петькин брат удивился и закричал:

— Ты что тут делаешь? Вылезай немедленно из зарплаты! Она теперь директорская.

— Ладно уж, — говорит директор, — чего уж теперь. Всё равно мы с вами всю мою зарплату выпили. Не об этом надо теперь думать и говорить. Теперь хотелось бы узнать, кто такой вкусный кефир сделал.

А Петька скромно говорит:

— Я сделал.

— Если так, — обрадовался директор, — я тебя немедленно принимаю на работу начальником кефирного цеха.

Петька хотел быстренько согласиться, но тут брат вмешался: рано ему работать начальником, он ещё маленький.

Директор посмотрел на Петьку и видит — действительно маленький.

— Ничего, — говорит директор, — подождём. А когда он вырастет, непременно возьму его начальником кефирного цеха. Я кефир очень люблю.

Тут Петькин брат и Петька взяли с тумбочки баночку с молоком, попрощались с директором и домой пошли. А дома брат сам разрешил Петьке в свою новую зарплату залезть, и на ужин микробы всей семьёй кефир пробовали.

Как Петька искал частицу

Однажды в каплю принесли телеграмму:

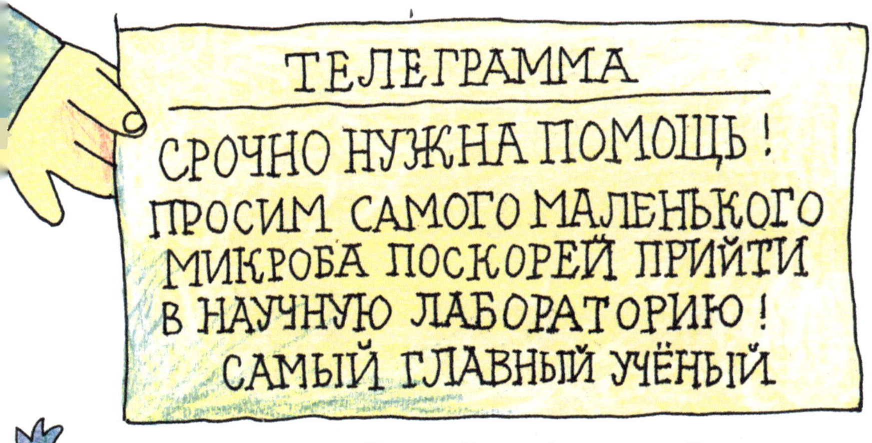

ТЕЛЕГРАММА

СРОЧНО НУЖНА ПОМОЩЬ!
ПРОСИМ САМОГО МАЛЕНЬКОГО
МИКРОБА ПОСКОРЕЙ ПРИЙТИ
В НАУЧНУЮ ЛАБОРАТОРИЮ!
САМЫЙ ГЛАВНЫЙ УЧЁНЫЙ

— Самый маленький у нас Петька, — сказала Петькина мама, — пусть он идёт.

Петька отправился в лабораторию, а там его уже давно ждали.

— Понимаешь ли, Петька, — сказал самый главный учёный, — беда у нас. Частица сбежала.

— Что за частица? — спросил Петька-микроб.

— Элементарная, маленькая. Такая маленькая, что нам её никак не поймать. А ты сам маленький — тебе легче её заметить.

— Я её изучал, — всхлипнул младший научный сотрудник, — а она сбежала...

— Недоглядел наш младшенький, — вздохнул один бородатый учёный и погладил младшего научного сотрудника по голове. — Ладно уж, не плачь — слезами горю не поможешь.

— Это верно, — сказал самый главный учёный, — слезами не поможешь. Теперь одна надежда: на Петьку.

— Я помогу, — пообещал Петька-микроб. — Говорите, что делать надо.

— Искать надо, — вздохнул самый главный учёный, — она, наверное, в старом атомном реакторе спряталась. Мы этот реактор давно уже не включали, теперь там всякие дикие частицы водятся.

— А может, она и не сбежала вовсе, — сказал со слезами в голосе самый младший научный сотрудник, — может, она там заблудилась, и теперь её какая-нибудь дикая частица проглотит... — И младший научный сотрудник заплакал.

— Ну, ну! — сказал бородатый учёный. — Зачем же предполагать худшее.

— А как она выглядит, ваша частица? — спросил Петька.

— Вот она, — самый главный учёный показал Петьке фотографию частицы, — только она здесь в миллион раз увеличенная...

— Иду искать, — сказал Петька и полез в старый атомный реактор.

Учёные дали Петьке-микробу маленькую радиостанцию, чтобы держать с ним двухстороннюю связь и чтоб Петька из реактора рассказывал про всё, что увидит.

В старом реакторе было сухо и тепло.

— Вижу много всяких частиц, — сообщил Петька по рации, — они лохматые и бегают.

— А нашу не видишь? — спросили учёные.

— Вашу пока не вижу, — сказал Петька и двинулся дальше в глубь реактора.

Вдруг одна лохматая частица заметила Петьку и захотела укусить его за ногу.

— Кыш! — сказал Петька. — Брысь!

Но частица не унималась.

— Тут одна кусается, — передал Петька по рации. — Что делать?

— Как она выглядит? — спросили учёные.

— Лохматая такая, вертлявая и с хвостиком.

— Эта частица называется Электрон, — сказали учёные. — У неё электрический заряд отрицательный.

— Сразу видно, что отрицательный, — согласился Петька, — так и норовит укусить.

— Ты, Петька, не бойся, — сказали учёные.

— А я и не боюсь, — сказал Петька и предложил учёным: — Скажите, как вашу частицу зовут, я покричу — может, она отзовётся.

— А мы сами не знаем, как её зовут, — сказали учёные. — Мы её недавно открыли, только собрались как-нибудь назвать, а она сбежала.

— Эх, вы! — сказал Петька и стал заглядывать во все углы.

Сбежавшей частицы нигде не было.

— Вашей частицы в старом реакторе нет, — передал Петька по рации, — я вылезаю. — И вылез из реактора.

Все учёные сидели пригорюнившись, а самый младший научный сотрудник горько плакал.

— Может, она где-нибудь в другом месте спряталась, — сказал Петька, — давайте я поищу.

— Где же ей спрятаться, если не в реакторе, — вздохнул самый главный учёный. — Раз она там не нашлась, значит, всё, пропала...

И вдруг Петька-микроб увидел, как под столом что-то шевелится.

— Вот она! — закричал Петька и кинулся под стол.

Учёные — за ним. Под столом сидела маленькая-маленькая, худая-худая частичка.

— Бедная ты моя, — радовался самый младший научный сотрудник, — нашлась бегляночка!

Бородатый учёный внимательно осмотрел частицу и сказал:

— Теперь понятно, почему она сбежала. Она очень чувствительная, эта частица. Ей, наверно, было ужасно щекотно, когда её изучали. Вот она и удрала.

— Большое тебе спасибо, — сказал Петьке самый главный учёный, —

не знаю, что бы мы без тебя делали. За то, что ты нам частицу поймал, можешь сам ей имя придумать. Придумывай!

— Назовите её Недотрон, — предложил Петька-микроб. — Недотрон или Недотрожка.

Как чистота не упала

Однажды учёные принесли в лабораторию каплю с микробами, а их не пускают. Наставляют на них швабру, как ружьё, и кричат:

— Стой, кто идёт?!

— Это, — говорят учёные, — мы. На работу пришли. А вы, простите, кто?

— На первый раз, — говорят учёным, — прощаю. Я ваша новая ответственная за чистоту и порядок — уборщица Гигиенова.

— Здравствуйте, — говорят учёные. — Очень рады.

— Рано обрадовались, — говорят учёным. — Предупреждаю: беспорядка и мусора в лаборатории не допущу. Показывайте, что притащили?

— Вот, — говорят учёные, — капля.

— А в капле что?

— Микробы.

— Начинается! Я полы мою, а они грязь носят! Выбрасывайте — и кончен разговор.

— Не выбросим! — крикнул самый младший научный сотрудник. — Мы микробов изучать хотим.

— Изучайте что-нибудь чистое. Полы, например. И тщательно помытые овощи. А от микробов простуда бывает, молоко киснет, чистота не соблюдается. А я за чистоту всё отдам.

— Погодите, — говорит самый главный учёный. — Мы тоже за чистоту. Только на одной чистоте далеко не уедешь. Чистота не трамвай. И микробы не все вредные. От них польза есть.

— Чистота, — кричит Гигиенова, — залог здоровья! Никто этих прекрасных слов не отменял. Вы что, хотите отказаться от таких замечательных призывов, как: «Люди, мойте уши, чтобы из ушей ушли микробы!» или «Граждане, очень горячей водой мойте ноги перед едой!». Вот услышат дети, что от микробов польза, — умываться перестанут. Что тогда?

— Не перестанут, — говорит самый младший научный сотрудник. — Не такие уж они глупые.

Тут Гигиенова как стукнет шваброй об пол:

— Я всю жизнь за чистоту боролась, борюсь и бороться буду! С микробами!

— Интересно, — вдруг высунулся из капли Петька-микроб. — Как она с нами бороться будет? Со всеми сразу или по очереди? Если по очереди, чур, я первый. Я один такой приёмчик знаю...

— Мне, — возмутилась Гигиенова, — ответственной за чистоту и порядок, приёмчиками грозят? Вот уйду прямо сейчас на пенсию — сразу без меня останетесь. Кто тогда чистоту поддерживать будет?

— Мы! — говорит самый младший научный сотрудник. — Сами поддержим. Небось не упадёт.

— Ах так?

Схватила Гигиенова свою швабру и ушла вместе с ней на пенсию. Она думала, все испугаются, прибегут её обратно звать. А учёные не побежали. Сколотили себе новую швабру, стали сами чистоту поддерживать. И микробы им помогали, особенно Петька-микроб.

Про Петькиного дядю

Был у Петьки-микроба дядя. Мутант. Удивительный микроб.

— Я, — говорил он, — люблю переменяться и быть на себя не похожим.

Он и правда часто приходил домой сам на себя не похожий. То с бородой, то без бороды. То в ботинках, то в тапочках. А однажды пришёл босиком и совершенно лысый.

С тех пор дядя всё пытался назад перемениться, чтоб у него опять волосы на голове выросли. И они выросли. Поглядел на себя дядя в зеркало...

— Нет, — говорит, — не те волосы. У меня на лбу борода выросла.

— Дядя, — удивился Петька, — как вы догадались, что это не простые волосы, а борода?

— Ты, Петька, встань вверх ногами, сам посмотри. Типичная борода.

И дядя постригся наголо.

— А ещё, — говорит дядя, — люблю я иммунитеты получать.

— Это что такое? — спрашивает Петька.

— Это, Петька... Ну вот, например, выпил я как-то бутылку клея...

— Зачем?

— Хотел поглядеть, что будет.

— И что было?

— Много чего было, — вздохнул дядя. — Зато теперь у меня на клей иммунитет есть. Мне теперь никакой клей не страшен. Он на меня уже не подействует. Потому что я его уже никогда пить не стану. Понял, что такое иммунитет?

— Понял, — говорит Петька. — Значит, клей вам не страшен?

— Ничуточки!

«Ладно, — думает Петька. — Надо проверить».

И вот однажды сел дядя на свою любимую табуретку в своих любимых брюках...

— Дядя, — говорит Петька, — попробуйте теперь с табуретки встать.

— Петька, — говорит дядя, — я почему-то с табуретки встать не могу.

— Это, — говорит Петька, — клей действует.

— Откуда он взялся?

— Я его по табуретке размазал, чтоб иммунитет проверить.

— Эх, Петька! У меня иммунитет был на бутылку с клеем, а на табуретку не было.

— Теперь, — говорит Петька, — на табуретку будет. Вы уже никогда на табуретку с клеем в своих любимых брюках не сядете.

— Нет, Петька, — сказал дядя и вылез из своих любимых брюк. И получились брюки с табуреткой отдельно, а дядя отдельно. — Теперь у меня на мои любимые брюки иммунитет. Я их уже больше никогда не надену.

— Жаль, — сказал Петька.

Про Петькиного друга Ангинку

Был у Петьки-микроба друг Ангинка. Тоже микроб. Ангинка всегда ходил в пальто и шапке, даже летом. Но Петька никогда не дразнил Ангинку «мимозой», потому что знал: Ангинка живёт в стаканчике с мороженым, а там всегда холодно. Ангинка жил в третьем стаканчике с мороженым. Если один съешь — ничего, второй — тоже ещё ничего, а вот если третий съешь — там Ангинка живёт.

Однажды Петька-микроб и Ангинка играли вместе и вдруг увидели школьника с портфелем.

— Привет! — сказал школьник. — Здесь микробы живут?

— Здесь, — сказал Петька. — Мы микробы.

— Слушайте, малыши! — обрадовался школьник. — Хотите со мной дружить?

— Хотим! — сказал Петька.

— Договорились, — сказал школьник. — Будем дружить и друг друга выручать, если что...

— А что? — спросил Ангинка.

— А то! — вздохнул школьник. — Контрольная завтра по математике. Заболеть надо. Немножко.

Петька-микроб посмотрел на Ангинку, но Ангинка сказал школьнику:

— Давай я лучше тебе задачки по математике объясню.

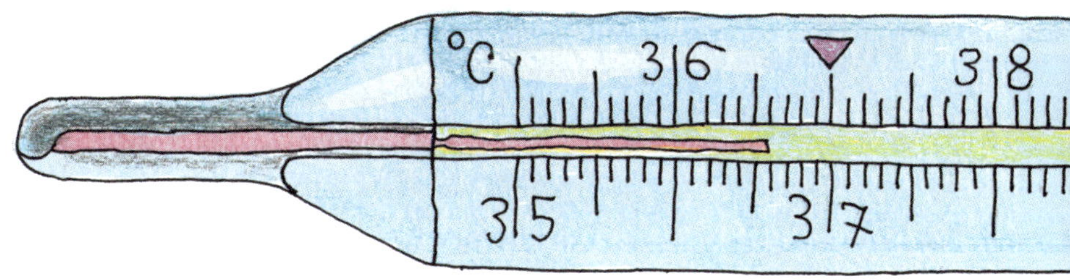

— Ты! — засмеялся школьник. — Ты же математики не знаешь.

— Математику я очень хорошо знаю, — сказал Ангинка.

— Откуда ты её знаешь?

— Из температуры. Я её делаю, а она знаешь какая сложная — вся из дробей состоит! Из десятичных. Вот, например, тридцать семь и семь десятых — это совсем не то, что тридцать шесть и шесть десятых.

— Это я и без тебя знаю, — сказал школьник. — Ты прямо скажи: поможешь заболеть или нет?

— Нет! Не могу.

— Так я и знал! — вздохнул школьник и махнул рукой.

И ушёл.

А Петька-микроб спросил Ангинку:

— Почему ты сказал, что не можешь? Три стаканчика мороженого — и пожалуйста!

— Мороженое... — задумчиво сказал Ангинка. — Мороженое, Петька, — это серьёзная штука. С мороженым шутить нельзя. Для таких дел оно не годится. Мороженое можно применять только в мирных целях.

Обоснованный аргумент

Ангинка прибежал к Петьке-микробу и закричал:

— Ура!

— Ура! — сказал Петька. — А чего ура?

— Зима началась! — закричал Ангинка. — Во-первых, теперь в пальто и шапке ходить совсем не жарко, а как раз нормально, а во-вторых, посмотри, какой снег красивый! Ура!

Петька посмотрел и тоже закричал:

— Ура!

— Пошли гулять, — позвал Ангинка, и они отправились гулять. И сразу увидели самого младшего научного сотрудника.

Самый младший научный сотрудник стоял и плакал.

— Ты чего плачешь? — спросил Петька-микроб.

— Того, — всхлипнул самый младший научный сотрудник, — из лаборатории уволить меня хотят, вот чего!

— За что? — спросил Ангинка.

— За то, — снова всхлипнул самый младший научный сотрудник, — за снег...

— За снег? — удивился Ангинка, а Петька-микроб сказал:

— Ты давай по порядку рассказывай, что случилось.

— То случилось, — сказал самый младший научный сотрудник, — научная конференция в лаборатории была. Про снег. Про то, из чего он состоит.

— Ну? — сказали Петька и Ангинка.

— Ну и вот, — сказал самый младший научный сотрудник, — мнения разделились.

— Как разделились? — спросил Ангинка.

— Пополам разделились. Одни учёные сказали, что снег из

снежных куч состоит, а другие — что из сугробов.

— А ты что? — спросил Петька.

— А я сказал, что снег состоит из снежков.

— Правильно, — сказал Ангинка.

— Вот и я говорю: правильно, — обрадовался самый младший научный сотрудник, — а они говорят: неправильно.

— А дальше что было? — спросил Петька.

— А дальше я им сказал, что к моему мнению надо прислушиваться, потому что я молодой специалист, а молодых специалистов надо выдвигать.

— А они? — спросил Ангинка.

— А они, — всхлипнул самый младший научный сотрудник, — они меня совсем выдвинули — за дверь...

— А ты? — спросил Петька.

— А я подождал, когда переменка началась и все во двор вышли, и привёл им аргумент.

— Кого привёл? — удивился Ангинка.

— Аргумент. Аргумент — это такое научное доказательство.

— Какое доказательство?

— Такое: налепил снежков и в них кинул.

— Попал? — спросил Ангинка.

— Ни разу не промахнулся! — похвастался самый младший научный сотрудник.

— А они? — спросил Петька.

— А они, — вздохнул самый младший научный сотрудник, — сказали, что аргумент необоснованный.

— Почему необоснованный? — удивился Ангинка.

— Не знаю, я каждый снежок очень крепко обосновывал, даже варежки снял. А они обиделись и сказали, что за такие аргументы меня надо совсем из лаборатории уволить. А за что меня увольнять, если я прав? Снег из снежков состоит — это же сразу ясно.

— Конечно, ясно, — сказал Ангинка.

— Нет, — сказал Петька-микроб, — не из снежков.

— Вот, — развёл руками самый младший научный сотрудник, — и у вас тоже мнения разделились.

— Петька, — предложил Ангинка, — хочешь, я тебе аргумент приведу?

— Не надо, — сказал Петька, — вы лучше вверх посмотрите.

Самый младший научный сотрудник и Ангинка посмотрели вверх, и Ангинка сразу закричал:

— Летит! Падает!

— Что падает? — удивился самый младший научный сотрудник. — Это снег идёт.

— А ты подставь варежку, — предложил Петька.

Самый младший научный сотрудник подставил варежку, и на неё сразу опустился маленький белый узорчик.

— Что это? — удивился самый младший научный сотрудник.

— Это то, из чего снег состоит, — сказал Петька, — снежинка.

— Ух ты! — удивился самый младший научный сотрудник. — Как же это я раньше не замечал?

— Ничего удивительного, — сказал Петька. — Снежинки очень маленькие, их большим трудно заметить. А маленькие их замечают, если, конечно, смотрят внимательно.

— Какие красивые! — шёпотом сказал Ангинка.

— Очень красивые, — согласился самый младший научный сотрудник и сразу обрадовался. — Петька, — закричал он, — это открытие! Снег состоит из снежинок.

— Ну, какое открытие, — засмущался Петька, — так...

— Конечно, открытие. Сейчас побегу в лабораторию. Скажу всем. Теперь-то они меня не уволят. Спасибо, Петька. Гениальное открытие!

И самый младший научный сотрудник помчался в лабораторию.

А Ангинка долго смотрел на снежинки, а потом сказал Петьке:

— Всё-таки жаль, что снег не из снежков состоит, правда?

— Почему жаль? — удивился Петька.

— Потому что про снежки доказывать интересней, — сказал Ангинка, — аргумент очень обоснованный!

Снежная бабушка

В тот день Петька-микроб с Ангинкой на снежинках катались. Уцепятся и летят. Летят, летят, а потом приземляются. И вот приземлились они как-то на одном дворе. А там дошкольники лепили снежную бабу и закатали Петьку с Ангинкой вместе с их снежинкой в снежный ком. А из кома сделали голову с морковкой. Вышли Петька и Ангинка на морковку, как на балкон, стоят, вдаль смотрят.

— Вон, — говорит Петька, — школьник из школы идёт. С портфелем. А в портфеле у него двойка.

— Неужели ты, Петька, — удивился Ангинка, — портфель насквозь видишь?

— Портфель нет. Я школьника этого насквозь вижу. Идёт, злится и хочет за двойку свою кому-нибудь отомстить. Только ещё не знает кому.

Тут школьник как раз снежную бабу заметил. С дошкольниками. И кричит издалека:

— А ну, малышня, ломайте своё чучело!

Дошкольники посоветовались друг с дружкой, и самый смелый спрашивает:

— Это ещё почему?

— Потому! — говорит школьник уже совсем близко. — Всё равно сам сломаю, а вам ещё и по шеям надаю!

Не самые смелые дошкольники после таких обещаний решили убегать. А самый смелый тоже решил к ним присоединиться.

Школьник подскочил к снежной бабе, уже портфелем замахнулся и вдруг слышит, как она говорит:

— А не стыдно тебе на пожилую бабушку портфелями махать?

— Нет, — говорит с перепугу школьник. — Не стыдно. Ой! Как это вы, бабушка, разговариваете? Вы же снежная.

На самом деле говорил, конечно, Петька-микроб, но школьник не догадался, портфель уронил, весь дрожит, пятится, шепчет:

— Не бывает говорящих... Не бывает снежных... Не бывает бабушек...

— Правильно, — говорит ему Петька. — Не бывает. Какая я тебе бабушка? Посмотри на меня внимательно. Не узнаёшь?

— Не уз-з-з-наю, — дрожит школьник.

— Напрасно. Я твой директор школы. Нарочно снегом облепился, чтоб всю правду про твоё поведение узнать. Теперь знаю. Ничего не поделаешь — придётся родителей вызывать.

— Что, — спрашивает школьник, — прямо сюда?

— Зачем же сюда? Пусть завтра в школу приходят.

Подобрал школьник свой портфель с двойкой и бегом домой. А дошкольники так ничего и не поняли. Они только видели издалека, как сердитый школьник очень вежливо с их снежной бабой поговорил и побежал домой за родителями.

Военная тётя в серёжках

У Петьки одна троюродная тётя военная была. На плечах погоны носила, на голове фуражку с чёрным козырьком, а в ушах серёжки красные.

— Зачем чёрный козырёк? — спрашивал Петька.

— Чтоб на врагов не щуриться.

— А жёлтые погоны зачем?

— Чтоб видно было: не просто так тётя идёт, шагает лейтенантка микровойск особого назначения.

— А серёжки красные?

— Серёжки просто так. Для красоты.

— Тётя! — приставал Петька. — Когда враги придут?

— Это военная тайна.

— Вы её храните?

— Враги хранят. Но когда бы они ни пришли — мы уже готовы. Особенно я.

— А как вы с ними будете воевать?

— Подкрадусь и простуду напущу.

— Да они, — говорил Петька, — от этого ещё опасней станут. Чихнут, закашляют — наших позаражают.

— Не позаражают. Наши к ним близко не подойдут. А враги, когда чихают и кашляют, почти не опасные. Сами просят перемирие заключить.

— Тётя, — интересовался Петька, — а если враги совсем не придут?

— Почему не придут?

— Ну, заняты, скажут, дела у нас, времени мало. Тогда мы на них нападём?

— Мы на них? — возмутилась военная тётя. — Они, понимаешь, заняты, у них дела, а у нас что, времени навалом? Да мы, может, ещё сильней заняты. И дел у нас в два раза больше. Или в три.

— Как же быть? — задумался Петька.

— А никак. Не придут — и не надо. Без них обойдёмся. Скучать не станем. Я, например, сразу из армии в отставку выйду. Жёлтые погоны с плеч сниму, фуражку с козырьком...

— Мне подарите, — быстро сказал Петька.

— Подарю, подарю. На что она мне, раз враги не пришли? А серёжки красные в ушах оставлю. Серёжки мне идут.

— Очень идут, — сказал Петька. — В красных серёжках, тётя, вы просто красавица!.. Без серёжек, конечно, тоже, но с серёжками — просто улёт!

Стихотворение

НАПИСАННОЕ ВОЕННОЙ ТЁТЕЙ ПЕТЬКИ-МИКРОБА, ПОСЛЕ ТОГО КАК ОНА ВЫШЛА В ОТСТАВКУ, ПОТОМУ ЧТО ВРАГИ НЕ ПРИШЛИ

Давным-давно случилось то событие.
Один учёный кончил десять школ
И совершил ужасное открытие:

Зелёную зелёнку изобрёл.
С тех пор зелёнку продают в аптеке,
Чтоб ею рисовать на человеке,
Хоть и не всем к лицу зелёный цвет.
Царапины зелёнкой мажут, чтобы
Там не бродили вредные микробы.
Полезным — тоже от зелёнки вред.
Разбил коленку — мажь зелёнкой сразу,
Она прогонит разную заразу,
Но не забудь сказать такую речь:
«Полезные микробы, отойдите,
Детей своих отсюда уводите,
Сейчас сюда зелёнка будет течь».

Портфель с теорией

Однажды вечером, когда микробы всей семьёй уселись ужинать и Петькина мама уже стала разливать по тарелкам сладкий клубничный суп, в каплю вдруг всунулся большой портфель, потом большая нога в ботинке, а затем и весь солидный и серьёзный дяденька.

— Здравствуйте! — сказал дяденька. — Я к вам по делу.

— Здравствуйте! — откликнулись все микробы, а Петькина мама добавила:

— Прошу к столу.

— Спасибо! — поблагодарил дяденька. — Теоретически я должен быть сыт, потому что уже поужинал дома. — И стал есть суп.

— Теоретически — это как? — спросил Петька.

Но мама строго сказала:

— Ешь и не задавай глупых вопросов.

После ужина Петькин папа и дяденька с портфелем сели рядышком, и дяденька сказал:

— Я пришёл серьёзно поговорить о вашем сыне, о том самом, что на молокозаводе работает.

— А что случилось? — спросил папа.

— Плохое дело, — вздохнул дяденька. — Я, видите ли, теоретик. Можно сказать, носитель теории. Вот тут она у меня, в портфеле.

И дяденька ещё раз вздохнул.

— Да! Тяжело вам, наверно, её носить, — посочувствовал папа.

— Нет, носить не тяжело. Она лёгкая. Не в этом дело.

— А в чём?

— Дело в том... — сказал дяденька и застеснялся, — понимаете, теория у меня про микробов.

— Очень приятно, — улыбнулся папа.

— Нет! — закричал дяденька. — Нет. Сплошные неприятности!

— Почему же?

— Потому что по теории получается, что ничего не получается. Не может ваш сын на молокозаводе работать.

— Не может? — удивился папа.

— Конечно, не может. Микробы, они, как вы знаете, очень маленькие...

— Ещё бы, — сказал папа, — мне ли не знать? Я сам микроб.

— Вот видите, — обрадовался дяденька, — ваш сын очень маленький, а молокозавод отсюда очень далеко. И никак не получается, чтоб ваш сын мог до молокозавода за один день добраться, а потом вечером опять в каплю вернуться.

— А он в автобусе ездит, — вмешался Петька.

— Петька, — сказала Петькина мама, — не смей вмешиваться, когда взрослые разговаривают. — И ушла мыть посуду.

— Не может он в автобусе ездить, — тихо сказал дяденька.

— Почему это я не могу в автобусе? — обиделся Петькин брат, тот самый, про которого разговор шёл.

— По определению, — ещё тише сказал дяденька, — автобус большой, а вы очень маленький.

— Что-то вы путаете, — сказал Петькин папа. — Вот если б наоборот было: автобус маленький, а он большой. Тогда бы он в автобусе не поместился. А так — пожалуйста.

— Нет, не пожалуйста, — грустно сказал дяденька. — Есть много «но».

— Какие «но»?

— Разные. Вот, например, такое «но». Допустим, микроб едет в автобусе... но в автобус входит контролёр. Билеты проверять. А как он у микроба билет проверит, если микроба без микроскопа вообще не видно?

— А билет? — спросил Петька.

— При чём тут билет? — удивился дяденька.

— Билет без микроба видно?

— Билет видно.

— Ну вот, — сказал Петька, — всё получается. Контролёр билет увидит, а на микроба ему и глядеть нечего, и так ясно, что микроб с билетом едет, раз билет видно.

— А вдруг... а вдруг... — растерялся дяденька. — А вдруг это не его билет, не микроба?

— А чей? — удивился папа.

— Откуда я знаю чей! Чужой билет.

— А контролёр, — сказал Петька, — спросит у всех: «Это ваш билет?» Они скажут: «Не наш». И тогда контролёр сразу поймёт: это билет микроба. И объявит: «Уважаемые пассажиры, будьте осторожны, в нашем автобусе едет микроб, смотрите не наступите ему на ногу».

Несколько минут потрясённый дяденька смотрел на Петьку и молчал. Потом он воскликнул:

— Но есть ещё одно «но»! Самое главное! Микробы живут в капле воды, а молокозавод стоит на суше. По теории микробы на суше жить не могут.

— А вы, — спросил Петька, — вы где живёте?

— Я, — растерялся дяденька, — я дома живу.

— А на улице жить можете?

138 ва 11

— На улице? Нет. Где же я там свою кровать поставлю и тумбочку? На них какой-нибудь грузовик наскочит.

— Вот! — сказал Петька. — Жить на улице не можете, а ходить сколько угодно. И мы, микробы, тоже можем.

— А ведь верно! — закричал дяденька. — Правильно! — И взмахнул портфелем. — А по теории не получается! По этой теории я в вашу каплю поместиться не могу, а я вот он — сижу с вами и разговариваю. Что же мне делать?

— Знаете что, — сказал Петькин папа, — а ну её, эту теорию, если по ней ничего не получается.

— Да! — вздохнул дяденька. — Вам легко говорить «ну её», а я носитель теории, мне её носить надо. В портфеле. Работа такая.

— А что, — спросил Петькин брат, — разве нельзя какую-нибудь другую теорию носить?

— Другую? — задумался дяденька. — А эту куда деть? Вот если б её у меня какие-нибудь разбойники отняли или если б я её потерял нечаянно...

— Да... — сказал Петькин папа. — Вам не позавидуешь.

— Эх! — махнул портфелем дяденька и встал. — Прощайте! Спасибо за суп.

— Вы уже уходите? — спросила Петькина мама, которая успела вымыть посуду.

— Ой, — вдруг догадался Петька, — а вы её подарите!

— Подарить? — усмехнулся дяденька. — Да кто ж её возьмёт?

— Я, — сказал Петька. — Я возьму.

— Бери! — закричал дяденька. — С портфелем вместе. Бери! Спасибо! Ура!!!

Тут дяденька сунул Петьке портфель с теорией и вылетел из капли.

Петькин брат посмотрел на Петьку и сказал:

— И зачем она тебе нужна, чепуха такая?

— Во-первых, портфель! — сказал Петька. — Пригодится. А во-вторых, много ты понимаешь в теориях. Эта теория очень ценная, за неё любой книголюб всё что хочешь отдаст.

— Чем же она ценная? — удивился Петькин папа.

— Макулатурой! — сказал Петька. — Вот чем!

День рождения

В этот день у Петьки-микроба было сразу два праздника. Во-первых, у Петьки был день рождения, во-вторых — новоселье.

Петькина семья переехала на новую квартиру из простой капли в каплю с сиропом.

ПРИКАЗ
ПО МОЛОКОЗАВОДУ

Вечером в каплю с сиропом пришли гости.

Пришёл Ангинка, подарил Петьке торт из мороженого и сказал:

— А у меня тоже вчера новоселье было. Мы из сливочного мороженого в пломбир переехали.

Пришли учёные из лаборатории, и самый младший научный сотрудник преподнёс Петьке в подарок симпатичную элементарную частичку в кожаном ошейнике.

— Вот, — сказал самый младший научный сотрудник, — она очень смышлёная, эта частица, если её выдрессировать, она даже в цирке выступать сможет.

— Спасибо, — сказал Петька.

Когда все уже сели за праздничный стол, пришёл директор молокозавода.

— Петька, — сказал директор, — я принёс тебе в подарок приказ по молокозаводу.

— Какой приказ? — удивились все.

— Вот какой, — сказал директор и прочитал по бумажке: — «Приказ. По молокозаводу. Петька-микроб назначается начальником кефирного цеха, хоть он ещё и не вырос».

— Ура! — закричали все.

Петька-микроб сказал директору спасибо, а потом тихонько спросил у своего папы:

— Папа, а когда же я вырасту?

— Понимаешь, Петька, — сказал папа, — ты, конечно, вырастешь, обязательно вырас-

тешь. Но видишь ли, даже когда ты совсем-совсем вырастешь, ты всё равно будешь очень маленький. Ты ведь микроб. А микробы вообще очень маленькие. И это совсем не так грустно, как кажется на первый взгляд.

Содержание

Серия «Библиотека начальной школы»

Литературно-художественное издание
Для детей младшего школьного возраста

Григорий Бенционович Остер
Петька-микроб

Редакция «Астрель»

Заведующая редакцией *Е.М. Иванова*
Редактор *Е.Ю. Целлариус*
Художественный редактор *Е.А. Гордеева*
Технический редактор *О.Л. Серкина*
Компьютерная вёрстка *А.С. Филатовой*

ООО «Издательство АСТ»
129085, г. Москва, Звёздный бульвар, д. 21, строение 3, комната 5
www.ast.ru

Отпечатано в типографии филиала
ОАО «ТАТМЕДИА» «ПИК «Идел-Пресс».
420066, г. Казань, ул. Декабристов, 2.